FABRICATION DU SOUFRE

PAR LE

TRAITEMENT DES SULFURES MÉTALLIQUES

PAR

M. J. BRUNFAUT
Ingénieur Civil

PARIS
TYPOGRAPHIE ET LITHOGRAPHIE DE MICHELS-CARRÉ
PASSAGE DU CAIRE, 8 ET 10

1860

FABRICATION DU SOUFRE

C.

FABRICATION

DU SOUFRE

PAR LE

TRAITEMENT DES SULFURES MÉTALLIQUES

PAR

M. J. BRUNFAUT

Ingénieur Civil

PARIS

TYPOGRAPHIE ET LITHOGRAPHIE DE MICHELS-CARRÉ

PASSAGE DU CAIRE, 8 ET 10

1860

Si cet ouvrage ne devait être lu que par des personnes habituées à suivre les perfectionnements réalisés journellement, dans toutes les branches de nos arts industriels, nous n'aurions pas besoin de dire que nous n'avons pas la prétention d'avoir inventé la fabrication du soufre par les sulfures métalliques.

Car une invention, vraiment digne de ce nom, est un ensemble de combinaisons imprévues, écloses en même temps et d'un seul jet, qui vient remplacer tous les moyens connus et appliqués dans une industrie désormais métamorphosée. Ainsi Watt, Volta, Jacquart, Lebon, Fulton, Daguerre.... étaient des inventeurs.

Les hommes de génie, qui produisent dans ces conditions, méritent seuls le nom d'inventeurs.

Et tous ceux qui, se souvenant des principes proclamés par ces intelligences d'élite, s'inspirent des vérités qu'ils renferment, pour en tirer des conséquences plus ou moins heureuses ; ceux là, disons-nous, ne peuvent pas revendiquer le titre d'inventeurs.

Leur seul mérite est de savoir combiner, réunir et appliquer, de telle ou telle façon, pour produire de nouveaux résultats industriels, des éléments qui n'ont une valeur que parce qu'ils s'appuient sur les vérités trouvées et énoncées par leurs maîtres.

Toutes nos prétentions se bornent, nous nous

hâtons de le dire, à avoir fait une nouvelle application de vérités connues depuis longtemps.

Le soufre, exploité, pour la majeure partie, en Sicile, se trouve mélangé avec des corps terreux ; aussi son recueil est simple, facile et abondant ; c'est ce qui explique le peu d'efforts tentés par la science pour l'extraire de ses combinaisons avec les métaux, cette dernière manière de le recueillir semblant exiger beaucoup de soins et de dépenses.

Au reste, ce n'est que dans notre siècle que l'emploi du soufre a pris un développement considérable. — Il était même peu employé avant l'invention de la poudre — car il ne servait guère que pour les recherches des alchimistes — c'est bien plus tard qu'il commença à être utilisé pour la fabrication des produits chimiques; mais c'est surtout à l'époque de la grande Révolution, que la France privée de marine, sans relations avec la Sicile, et ayant besoin de soufre pour fabriquer de la poudre, s'adressa à ses savants — alors on fabriqua, pour la première fois, du soufre par le traitement des pyrites de fer.

Ce soufre coûtait fort cher; cela importait peu à cette époque de dangers. Mais l'industrie, pendant longtemps anéantie, vint, avec la paix, réclamer le soufre dont elle avait besoin. Alors on abandonna la fabrication coûteuse du soufre provenant des sulfures métalliques, et on s'approvisionna, comme par le passé, aux dépôts créés par les éruptions volcaniques de la Sicile.

Nous ne croyons pas qu'on ait essayé, depuis 1815, de fabriquer du soufre par les procédés trouvés et appliqués à l'époque révolutionnaire, procédés qui, comme nous l'avons dit, ne pouvaient produire du soufre qu'à un prix très-élevé.

Nos procédés, pour extraire le soufre des sulfures métalliques, sont tous différents : les chimistes chargés de fournir du soufre pour fabriquer la poudre, traitaient le sulfure de fer comme on traitait en Sicile le soufre mélangé avec de la terre ; ils ne tenaient aucun compte de la différence qu'il y avait entre du soufre combiné avec un métal, et du soufre mélangé avec des corps terreux ; ils employaient le même procédé, l'élimination au moyen de la chaleur.

Nous avons opéré tout autrement; nous avons tenu un grand compte des affinités chimiques, nous avons commencé par décomposer pour recomposer ensuite.

Cette thèse, telle que nous la formulons, demande des explications très-détaillées ; nous avons tenté de les donner avec simplicité et clarté.

Si nous ne sommes pas resté dans une erreur que n'auraient pu dissiper des travaux longs et consciencieux, nous croyons que les contrées, dans lesquelles se trouvent, en assez grandes quantités, des sulfures métalliques, sont à jamais affranchies du tribut qu'elles payaient à la Sicile.

J. BRUNFAUT.

PREMIÈRE PARTIE

PROCÉDÉS EMPLOYÉS JUSQU'A CE JOUR

Pour recueillir le Soufre

& POUR TRAITER LES SULFURES MÉTALLIQUES

Chacun sait que le soufre est un des corps le plus répandus dans la nature, et, en même temps, un de ceux le plus employés dans les arts industriels. Aussi son usage prend-il un accroissement proportionné au développement de l'industrie, qui fait des emprunts si fréquents à la chimie.

D'après notre savant professeur, M. Dumas, la civilisation d'un peuple serait en raison de la quantité de soufre qu'il emploie.

La statistique nous apprend qu'en 1855, la France a employé plus de 34,000 tonnes de soufre.

Le soufre se trouve dans tous les terrains; mais il est beaucoup plus abondant dans les dépots de sédiment avoisinant les volcans en activité.

Aussi, c'est en Sicile qu'il est exploité sur la plus grande échelle. Il y est toujours mélangé avec des argiles et des sulfates ou carbonates de chaux, dans des proportions plus ou moins considérables, variant de 50 à 70 p. 0/0.

Il subit, dans cet état, sur les lieux même de l'exploitation, un traitement qui a pour but de le débarrasser de sa gangue : et il est livré au commerce lorsqu'il ne contient plus que 10 p. 0/0 de corps étrangers.

Ce traitement se fait très-simplement :

Lorsque la matière première est riche en soufre, on la fait fondre dans une chaudière, et on décante le soufre qui vient à la superficie.

Lorsque la matière est moins riche, on la traite dans un fourneau à cuve; on réduit une grande partie du soufre en acide sulfureux qui s'échappe dans l'atmosphère; l'autre partie s'écoule par un caniveau placé dans le bas du fourneau.

On traite enfin les matières pauvres dans des creusets, chauffés par un fourneau ; le soufre s'écoule de ces creusets par un conduit.

Par l'un ou par l'autre de ces trois modes usités en Sicile, on recueille, comme nous venons de le dire, le soufre qu'on livre au commerce, et qui contient 10 p. 0/0 de matières étrangères.

Le soufre se rencontre encore dans deux états différents : tantôt combiné avec l'hydrogène et en dissolution dans l'eau, tantôt confondu avec les métaux, et à l'état de sulfure métallique.

L'hydrogène sulfuré, en dissolution dans l'eau, forme les eaux sulfureuses servant au traitement de certaines maladies ; ces eaux n'ont jamais eu aucun rapport avec les arts industriels ; aussi nous ne nous en occuperons pas.

Nous ne parlerons que des sulfures métalliques. Ces corps abondent dans toutes les contrées de l'Europe ; il y en a des amas considérables en France et en Belgique. Nous verrons le parti qu'on en tire et celui qu'on en peut tirer.

En général, on exploite les sulfures métalliques, la galène, la pyrite de cuivre, la blende, le cinabre, pour en recueillir seulement le métal ; quant au soufre éliminé de ces métaux, on lui fait presque toujours subir un traitement qui n'a pour but que de le convertir en acide sulfureux.

Un seul sulfure métallique, la pyrite de fer (pyrite martiale, marcassite) est traité au point de vue exclusif du recueil du soufre ; le métal est presque toujours abandonné.

Nous, nous rechercherons et nous recueillerons le soufre dans les sulfures de fer, de cuivre, de zinc et de calcium.

Le soufre se combine avec le fer dans plusieurs proportions. — La nature fournit seulement deux de ces combinaisons, l'une à l'état de protosulfure, l'autre à l'état de bisulfure.

La première est fort rare, et ne se rencontre guère que dans les mines de houille. Nous ne nous en occuperons pas. La seconde est fort commune, et se rencontre dans les terrains de sédiment, sous l'aspect d'un jaune d'or, d'un jaune verdâtre ou blanc ; la couleur seule les distingue, leurs propriétés sont semblables.

Tantôt on rencontre cette pyrite de fer mélangée avec le cuivre ; dans cet état, elle est connue sous le nom de cuivre panaché ; tantôt elle se trouve mélangée avec de la silice, avec des sulfates et des carbonates de chaux, qui forment sa gangue ; tantôt enfin, elle est mélangée avec l'arsenic, le zinc et le plomb, mais, en petites quantités, avec ces derniers corps.

A la fin du siècle dernier, lorsque la France, en guerre avec l'Europe, ne pouvait plus recevoir du soufre de la Sicile, pour la fabrication de la poudre, on chercha et on trouva le moyen d'extraire des sulfures de fer le soufre indispensable pour fabriquer la poudre à canon.

Le cadre de notre travail ne nous permet pas de rappeler ce qui se fit à cette époque ; cependant, disons très-brièvement comment on opérait.

On plaçait de la pyrite de fer, dont la teneur était de 53, 33 de soufre, dans des cornues en fer, que l'on fermait hermétiquement ; un conduit reliait chacune de ces cornues avec une vaste chambre de condensation. La cornue était chauffée au moyen d'un foyer placé sous elle ; le soufre se volatilisait et venait se condenser dans la chambre ; et on recueillait une quantité de 7,46 kilos de soufre par 100 kilos de pyrite.

Par ce procédé, on recueillait donc, à peu près, 14 p. 0/0 de soufre contenu dans la pyrite. — Il aurait suffit d'élever la chauffe de la cornue pour obtenir de plus beaux résultats ; mais cette température excessive détruisait rapidement les appareils, et tout compte fait, il était encore plus économique de se contenter de ne recueillir que 14 p. 0/0 de soufre.

Le sesquisulfure, qui restait dans l'appareil, était retiré et placé en tas ; on l'arrosait avec de l'eau, et on obtenait du sulfate de fer.

Ce sulfate de fer était lessivé et cristallisé, et sa valeur, surtout à cette époque, venait contribuer à rendre l'opération sinon fructueuse, du moins moins onéreuse.

Cettte manière de fabriquer est encore en usage dans la Westphalie, où les sulfates de fer obtenus sont employés pour la fabrication de l'acide dit Nordhausen.

Le résidu est l'ocre rouge.

D'après M. Payen, la fabrication du soufre, au moyen de ce procédé, lorsque l'usine est située dans des localités où la pyrite et le combustible se trouvent réunis, est à pied-d'œuvre :

1800 kilos pyrite par 24 heures	2 f. »
Houille.	10 »
Main-d'œuvre.	6 »
Intérêts, frais généraux. . .	8 »
Total.	26 francs.

C'est, nous dit M. Payen, une dépense de 26 fr., lorsque la fabrication a lieu dans des conditions avantageuses, pour produire 252 kilos de soufre ; ce qui établit les 100 kilos à 10 fr. 30 c.

Le coût actuel de 1,800 kilos de pyrite, à pied-d'œuvre, serait de 27 fr. au lieu de 2 fr., ce qui établirait le prix du soufre à 20 fr. 23 c. au lieu de 10 fr. 30 c.

Or, comme le soufre de Sicile ne vaut que de 15 à 20 fr., cette fabrication est impossible, et ne pourrait être entreprise que si l'on recueillait toute la quantité de soufre contenu dans la pyrite.

La pyrite de fer est aussi employée pour la fabrication du sulfate de fer et de l'alun ; mais comme le but de nos travaux n'a aucun rapport avec ces fabrications, nous ne les décrirons pas.

On traite les sulfures de fer, en quantités considérables, pour la fabrication de l'acide sulfurique.

Pour obtenir l'acide sulfurique, on grille les pyrites dans des fourneaux ; puis, on conduit l'acide sulfureux provenant de ces pyrites dans des chambres de condensation en plomb, où il subit un mélange proportionné d'acide nitrique, de vapeur d'eau et d'air atmosphérique, qui le convertissent en acide sulfurique.

Ainsi, l'acide sulfureux est le produit du grillage de la pyrite. Cette opération se fait de deux manières : tantôt on se sert de fours à grilles, tantôt de fours à dalles.

Le four à grilles se compose d'une vaste chambre en maçonnerie, dans laquelle se trouve, et telle que l'indique son nom, une grille formée de barreaux placés dans son sens longitudinal ou transversal.

Cette grille a généralement une surface carrée de 12 à 19 mètres. On y place une couche de pyrites ayant 0,20 à 0,30 c. de hauteur, et qui est introduite au moyen d'ouvertures ménagées dans la voûte du four.

La pyrite est remuée, de temps en temps, à l'aide de ringards introduits par de petites portes qui existent dans les parois du fourneau, et qui se trouvent à la hauteur de la charge de la pyrite.

En dessous de la grille, il existe une cave qui sert à l'introduction de l'air nécessaire à la combustion de la pyrite et à son défournement.

Enfin, une cheminée conduit les produits de la combustion (l'acide sulfureux, l'azote et l'air en excès) dans des chambres en plomb.

La quantité de pyrite, que l'on charge dans l'un de ces fours, est en moyenne de 2 à 3,000 kilos par vingt-quatre heures; cette quantité est déposée sur la grille en quatre ou cinq charges et en morceaux, ayant chacun 3 à 4 décimètres cubes. — Quand on réduit la poussière de pyrite en briquettes, opération qui se fait en pétrissant les menuailles de pyrite avec de l'argile, on place ces briquettes sur la grille, de la même manière que la pyrite, et on a soin de ne pas donner à ces briquettes plus d'un décimètre cube.

Le fourneau à dalles ne sert qu'à traiter la pyrite en poussière.

La sole est formée de dalles en terre réfractaire; elle est supportée par des murs formant des carneaux dans lesquels circule la chaleur que donnent plusieurs foyers.

La sole de ces fours offre, en général, une surface rectangulaire qui varie de 25 à 30 mètres.

A l'extrémité du fourneau, se trouve ménagée, dans la voûte, une ouverture qui sert à l'enfournement de la pyrite. Par des portes, qui existent dans une des parois latérales du fourneau, on fait avancer et on remue la pyrite, au moyen de ringards, jusqu'à ce qu'elle arrive à l'extrémité opposée.

A cette partie du four, et sous la sole, est pratiquée une ouverture dans laquelle on précipite la pyrite de fer au fur et à mesure qu'elle est suffisamment débarrassée de son soufre.

Avec une dépense de 375 kilos de houille par 1,000 kilos de pyrite, on traite, par chaque four, et par jour de vingt-quatre heures, 5,000 kilos. Ces 5,000 kilos sont enfournés en six ou huit chargements, et présentent une couche de 0,08 à 0,10 d'épaisseur.

Ces deux sortes de fourneaux laissent beaucoup à désirer, et la fabrication de l'acide sulfurique se fait dans des conditions qui demandent à être améliorées.

Ces inconvénients sont constatés dans un rapport qui a été fait par une commission d'enquête, instituée en 1856 par le gouvernement belge, et qui avait pour mission de donner son avis sur les améliorations à apporter à la fabrication des acides sulfuriques provenant de la pyrite de fer.

Le rapport de cette commission établit :

Que la quantité de soufre, que contient la pyrite, n'est pas complètement transformée en acide sulfureux ; qu'il reste, après son traitement actuel, un composé d'oxyde et de sulfure contenant encore plus de 10 p. 100 de soufre ;

Que l'acide sulfureux et l'air, qui doivent se combiner, en rapports déterminés, avec l'acide nitrique et les vapeurs aqueuses, pour produire l'acide sulfurique, ne se rencontrent, avec le système actuel de fourneaux, que dans des rapports indéterminés.

En effet, il est essentiel, pour obtenir une réaction complète, d'introduire, dans les chambres de plomb, les gaz en quantités régulières; or, par le vice des fourneaux actuels, il y a toujours excès d'air. Les réactions n'ont donc pas lieu d'une manière complète; car, l'air, en excès, divise la masse des gaz et entraîne avec lui, hors des chambres de plomb, des produits utiles.

Il est évident que, dans les fourneaux à grilles, les quantités d'air nécessaires à la conversion, en acide sulfureux, du soufre contenu dans la pyrite, sont réglées par la fermeture plus ou moins exacte des portes des caves placées sous la grille.

Cet air, qui traverse une couche de pyrite variant en épaisseur, suivant le moment où on la remue, n'agit jamais en quantité régulière.

Dans les fourneaux à dalles, chaque fois que l'ouvrier remue une des charges, il se fait une entrée d'air très-considérable, qui n'est plus en quantité voulue pour la quantité d'acide sulfureux produit.

Le rapport établit encore :

Qu'il y a une perte d'acide sulfureux lorsque l'on charge les pyrites et lorsque l'on ouvre les portes; ces inconvénients occasionnent non-seulement une perte matérielle; mais, ce qui est plus grave, ils sont un danger continuel pour la santé des ouvriers chargés des travaux;

Qu'enfin il devient impossible, avec une production d'acide sulfureux et d'air atmosphérique qui n'est jamais régulière, d'injecter dans les chambres de condensation la quantité d'acide nitrique nécessaire à une combinaison complète.

On conçoit qu'il doit se faire, par l'emploi de ces moyens défectueux, des pertes très-grandes d'acide sulfureux et d'acide nitreux, qui s'échappent par les cheminées terminant les appareils de condensation.

Ces pertes ne pèsent pas seulement sur la bourse des manufacturiers, mais elles détruisent la culture qui avoisine les établissements.

Avant de décrire le système que nous proposerons, pour parer complètement aux inconvénients attachés nécessairement à cette fabrication qui emploie des fours à grilles ou à dalles, nous continuerons à passer en revue ce qui a été fait jusqu'à ce jour, et à analyser le rapport de la Commission belge ; nous verrons quelle est la perte que donnent les fours actuellement employés en Belgique.

NOMS des USINES	PYRITE EMPLOYÉE AYANT UN TENEUR de				SOUFRE.		
	SOUFRE	FER	GANGUE	TOTAL	RECUEILLI	PERTE RÉELLE	PERTE par 100 kilog.
	47 56	41 13	11 26	100 »	40 91	6 65	13 09
RISLE	39 74	34 41	25 88	100 »	24 76	14 95	37 06
	42 33	37 04	20 63	100 »	31 21	11 12	25 06
FLOREFFE	36 »	31 51	32 49	100 »	24 88	11 12	30 08
	39 86	34 88	25 26	100 »	34 64	5 22	13 »
MOUSTIER	40 59	36 02	22 39	100 »	38 15	3 44	8 02
	27 22	23 88	48 95	100 »	10 86	16 36	60 »
AUVELAIS	43 07	37 79	19 24	100 »	35 89	7 18	16 06
	30 94	32 32	30 74	100 »	19 28	17 66	47 08
MOYENNE	39 36	34 33	26 31	100 »	28 95	10 41	27 08

D'après ce tableau, il résulte que les membres de la Commission ont démontré que la moyenne du soufre, converti en acide sulfureux, n'a été que de 28,95 kilos pour 39,36 kilos que renfermait la pyrite; ce qui établit une perte de 10,41 kilos sur 39,36, ou 27,08 par 100 de soufre; ce qui nous prouve, *à priori*, que la fabrication, traitée par les fours à grilles ou les fours à dalles, est défectueuse.

Le résidu de la pyrite, traitée par la fabrication actuelle, est un sulfure de composition fort irrégulière, qui ne peut même être utilisé à la fabrication du sulfate de fer; car la quantité de soufre, qu'il contient encore, n'est pas assez grande; et comme cette industrie laisse peu de bénéfices, les fabricants d'acide sulfurique préfèrent jeter le résidu de pyrite que d'y laisser une quantité de soufre suffisante à sa conversion en sulfate de fer.

Pour que ces résidus pussent être utilisés avec succès, il faudrait qu'ils fussent propres à la métallurgie.

Or, la fabrication du fer exige que la quantité de soufre contenue dans ces résidus soit éliminée complètement : c'est ce qui n'a pu être obtenu jusqu'à ce jour.

Il y aurait donc un grand et double profit à recueillir tout le soufre de la pyrite, et à traiter ensuite le fer de cette pyrite, si on parvenait à en éliminuer complètement le soufre.

C'est là une des questions que nous nous sommes proposée, et que nous croyons avoir résolue.

On s'est beaucoup occupé, surtout dans les localités où les sulfures étaient abondants, à chercher à les employer dans les forges; le traitement, qu'on leur faisait subir, était des plus simples : on chargeait la pyrite dans un fourneau à cuve, que l'on allumait au moyen de charbon. Lorsque ce charbon était incandescent, on plaçait un lit de minerai; et, chaque fois que le feu arrivait à la superficie, on continuait à charger, dans le four, un nouveau lit de minerai, jusqu'à ce que l'appareil fût rempli.

On défournait le minerai grillé par des ouvertures placées dans le bas du fourneau, de telle sorte que l'opération fût continue.

Ce mode d'opérer est, comme on le voit, à bien peu de chose près, celui des fours à grilles que nous avons décrit : on laissait échapper l'acide sulfureux dans l'atmosphère.

La désulfuration, par ce procédé, est donc évidemment incomplète; aussi on a cherché d'autres moyens moins défectueux pour désulfurer le fer.

On s'est servi d'un four à reverbère, sur la sole duquel on plaçait la pyrite; on amenait le four, par un foyer, à une température élevée, et il y avait alors production d'acide sulfureux.

Au dernier moment de l'opération, on faisait arriver, par un conduit, de la vapeur d'eau, qui, traversant toute la couche de pyrite remuée au moyen d'un ringard, parvenait à éliminer une plus grande partie de soufre : dans ce dernier cas, il se formait de l'acide sulfydrique.

La désulfuration des sulfures de zinc et de cuivre n'est pas plus avancée. En effet, avec les procédés en usage, la blende

(*Zn S*) se grille très-difficilement ; le zinc reste toujours combiné avec quelques parties de soufre, ce qui le rend cassant et diminue beaucoup sa valeur.

La désulfuration de la blende s'opère actuellement de trois manières différentes :

En Belgique, on grille la blende dans des fours continus à cuve ou à chaux ;

En Angleterre, dans des fours à reverbère, chauffés par des foyers ;

En Allemagne, également par des fours à reverbère, mais chauffés par les flammes perdues des fours de réduction.

Mais on n'arrive jamais, soit par l'un ou par l'autre de ces modes, à désulfurer complètement la blende, alors même qu'on lui fait subir plusieurs grillages.

Les sulfures de cuivre sont très-répandus dans la nature ; ils se présentent sous différents aspects, mais on les traite tous pour en recueillir le métal.

Aussi on commence, avant toute opération de métallurgie, à griller les sulfures pour les débarrasser du soufre et de l'arsenic avec lesquels ils se trouvent combinés.

Le grillage s'opère par deux procédés différents :

Le premier est celui en tas ou en meule. On place, sur un lit de charbon ou de bois, une quantité plus ou moins grande de minerai, qu'on arrange de telle façon que les gros morceaux forment la base du tas, et les ménuailles la couverture ; on met le feu à la meule, et on le dirige de manière à ce que son intensité soit égale dans toutes les parties du tas.

Dans le milieu de cette meule se trouve une cheminée centrale pour le dégagement des vapeurs de soufre et d'arsenic, et cette cheminée jette ces vapeurs dans l'atmosphère.

Le second mode de grillage se fait dans des fours à réverbère ; il est plus complet, élimine bien plus de soufre et d'arsenic, opère plus rapidement, et est indispensable lorsque les minerais à traiter ne contiennent pas assez de soufre pour la combustion.

La température, dans ces fours, est très-élevée, et on la mène jusqu'au point de la fusion du minerai ; on a soin, toutefois, de ne pas atteindre cette fusion. Lorsque l'opération a été bien conduite, il ne reste dans le minerai que 4 à 5 p. 0/0 de soufre.

Ces deux grillages donnent des vapeurs composées d'acides sulfureux et arsénieux, qui sont un fléau pour la santé publique et pour l'agriculture. Elles sont bien plus redoutables encore que celles produites par le grillage des pyrites de fer. On tâche, il est vrai, de les annihiler, en les faisant passer dans des carneaux dans lesquels tombe une pluie d'eau ; mais on ne parvient, par ce moyen, qu'à condenser une très-petite quantité de ces gaz, dont la majeure partie s'échappe.

Parmi les sulfures métalliques que nous nous proposons de traiter, nous avons signalé, à cause de leur importance, les déchets que laisse la fabrication de la soude, les sulfures de calcium ou les marcs de soude.

La fabrication de la soude se fait, comme on sait, par un mélange de sulfate de soude, de carbonate de chaux et de charbon qu'on traite et qu'on soumet, dans des fours spéciaux, à l'action du feu.

Après une calcination de plusieurs heures, on retire cette matière, on la laisse refroidir, on la lessive et on en recueille la soude.

Le résidu est le *marc de soude*, et 100 kilos de matière traitée donnent 58 à 60 kilos de ce résidu.

Ces résidus, jusqu'ici, n'ont pu être utilisés, malgré leur riche composition, qui renferme en majeure partie du sulfure de calcium, du carbonate de chaux, et du charbon.

Le soufre, contenu dans les sulfures de calcium, atteindrait, d'après le rapport de la commission belge, 29,91 pour cent de marcs, en prenant ces déchets au moment où ils viennent d'être produits.

Ces résidus sont mis en tas et abandonnés à eux-mêmes; aussi ils s'enflamment par l'absorption de l'oxygène de l'air, et produisent des torrents de gaz sulfureux, qui brûlent la végétation placée à proximité des usines, et rendent malsain l'air respiré par les ouvriers et les populations voisines.

Passons rapidement en revue les recherches qui ont eu lieu, les travaux qui ont été faits, pour tirer un parti avantageux des marcs de soude.

Un des premiers qui se soit occupé de cette importante question, est M. Bell, fabricant de produits chimiques, en Angleterre; nous trouvons, dans un des brevets qu'il a pris, en 1838, les moyens suivants :

M. Bell rappelle que ces déchets ne sont qu'une source de dépenses et de ruine, parce qu'ils sont impropres à tout usage, à cause des exhalaisons de vapeurs pernicieuses qui s'en échappent.

Il propose de réduire le soufre, qui est combiné avec le calcium, en acide sulfurique.

A cet effet, il mélange dans des vases en bois, de l'acide hydroclorique recueilli de la fabrication de la soude avec le marc de soude.

Ce mélange produit de l'acide sulfydrique qu'il amène dans un tube en serpertin chauffé dans un foyer. — Ce tube, percé d'une multitude de trous, laisse écouler le gaz sulfydrique qui, traversant le combustible incandescent, se brûle et fournit de l'acide sulfureux.

Cet acide sulfureux, saturé de vapeur nitreuse, est conduit dans les appareils ordinaires, pour sa conversion en acide sulfurique.

Cette application a dû être abandonnée dans la pratique; en effet, les vapeurs sulfureuses, mélangées avec des gaz acide et oxyde de carbone, gaz produits pour la combustion de l'hydrogène sulfuré, empêchent la réaction des vapeurs nitreuses avec l'acide sulfureux; et partant, pas d'acide sulfurique; aussi ce procédé, essayé et mis en application, dans plusieurs établissements, ne tarda pas à être complètement abandonné.

Plus tard, M. Delanoue, proposa d'utiliser les marcs à la fabrication artificielle des eaux sulfureuses, au soufrage des végétaux et à la préparation, par voie humide, des métaux.

Les moyens, indiqués par M. Delanoue, consistent à convertir, au moyen d'une nouvelle addition de soufre, l'oxysulfure de calcium, sel insoluble, en hyposulfite ou bi-sulfure, sel soluble.

Cette application peut très-bien se faire, et rendre des services incontestables.

Enfin, un de nos chimistes les plus distingués, M. Melsens, a donné le conseil de traiter les marcs de la manière suivante :

Comme M Bell, il les met en contact avec de l'acide hydrochlorique produit de l'acide sulfydrique ; mais, au lieu de brûler la totalité du gaz produit, il en fait deux parts, l'une d'un tiers, qu'il conduit sur un foyer, pour produire de l'acide sulfureux, amené dans un récipient où se trouve l'autre part, composée des deux tiers de gaz acide sulfhydrique.

Par ce mélange, nous dit M. Melsens, il y aura réaction et formation de soufre.

M. Melsens rappelle une donnée scientifique, qui établit que deux parties d'acide sulfhydrique, mises en contact avec une partie d'acide sulfureux, produisent du soufre et de l'eau.

M. Melsens ne décrit pas les moyens d'appliquer industriellement cette vérité scientifique, qu'il avait étudiée et reconnue dans ses essais de laboratoire.

Enfin, M. Favre, professeur de chimie à Marseille, s'est également occupé de tirer un parti des marcs de soude.

Comme ses devanciers, il fait agir l'acide hydrochlorique condensé sur les marcs de soude ; il produit de l'hydrogène sulfuré qu'il fait arriver en contact avec de l'acide sulfureux dissous dans l'eau.

Nous venons de passer en revue le traitement qu'on fait subir actuellement aux sulfures de fer, de zinc et de cuivre, et les essais tentés pour tirer parti des marcs de soude. — Nous allons maintenant décrire les procédés pour le traitement de ces sulfures, procédés tout nouveaux et qui constituent, d'après nous, une invention incontestable, et la production du soufre, produit nouveau.

DEUXIÈME PARTIE

TRAITEMENT DES SULFURES MÉTALLIQUES

Elimination complète du Soufre

CONTENU

DANS LES SULFURES DE FER, DE CUIVRE, DE ZINC & DE CALCIUM

Rappelons le but que nous poursuivons.

Nous avons cherché :

A recueillir, à l'état de soufre, tout le soufre contenu dans les sulfures métalliques ;

A obtenir le métal dans un état de combinaison telle qu'il puisse être immédiatement traité.

Nous commencerons par décrire l'appareil et les moyens à employer pour obtenir une désulfuration complète ; ensuite, nous dirons comment nous recueillons le soufre à l'état industriel.

Dans nos premiers essais, nous avions employé des fours à moufle, pareils aux cornues, pour la fabrication du gaz d'éclairage. Nous avons reconnu que cette disposition d'appareil laissait beaucoup à désirer ; l'action réductrice des gaz, que nous employions pour transformer les sulfures, ne se faisait que fort difficilement, et la dépense du combustible était considérable.

Nous avons changé cette disposition.

Nous nous sommes servi d'une cornue verticale, qui, par ses proportions, reproduisait, en petit, le fourneau représenté par la figure 1re. (Voir planche 1re.)

Les dimensions que donne le plan, peuvent être augmentées, ou diminuées, suivant les quantités de pyrite que l'on voudra traiter.

Cet appareil est connu sous le nom de *fourneau à cuve;* il est construit en briques ordinaires, sauf les parties qui subissent l'action directe de la chaleur, et qui sont construites en matériaux réfractaires.

Le four est fermé par une calotte en maçonnerie, ayant à son centre une ouverture qui sert au chargement du sulfure.

L'emploi d'une tremie à double fond empêche, lorsque l'on charge le sulfure dans l'appareil, l'air extérieur d'y entrer et les gaz de s'en échapper.

Ce mode de chargement procure un autre avantage : la quantité de minerai, qu'on place dans la trémie, est toujours régulière ; par conséquent, les chargements dans le fourneau, se font avec la même régularité, avec une grande célérité, et sans erreur possible de la part des ouvriers.

Dans la calotte du four se trouve un conduit en poterie qui amène les produits gazeux dans des récipients spéciaux que nous décrirons dans la troisième partie, lorsque nous aurons fait comprendre la marche du fourneau.

Dans le bas du four existe un ouvreau *C*, que l'on ouvre lorsqu'il y a lieu d'enlever la partie du minerai qui a été traité, et qui est en quantité toujours égale à celle que l'on enfourne à nouveau par la trémie A.

Cette opération se fait très-facilement, au moyen de petits wagonnets ayant une contenance déterminée; on sait exactement quelle est la quantité retirée, et, par contre, celle à réenfourner.

Dans le creuset du fourneau se trouve des tuyères D, reliées entre elles par un tuyau en fer, qui sera chauffé au moyen d'un fourneau spécial indiqué par la figure 2e, planche 1re. Ce tuyau est en communication avec une chaudière et avec un ventilateur.

Après cette description de notre appareil, nous allons relater les divers essais que nous avons faits ; nous donnerons ainsi la preuve que notre travail est le résultat d'un grand nombre d'expériences, qui, en pareille matière, peuvent faire préjuger le succès.

Au moyen d'une chauffe préparatoire, on amènera l'intérieur de l'appareil à une température assez élevée : c'est alors que l'on charge progressivement la quantité de sulfure que l'on se propose de traiter.

Nous avons vu qu'à une température de 300 à 400 degrés, on obtient 14 p. 0/0 de soufre sur les 53 p. 0/0 que contient la pyrite de fer ; mais, nous avons vu aussi que la pyrite, chauffée à ce degré de température, abandonne avec moins de facilité le soufre avec lequel elle se trouve combinée, et que c'est seulement par l'action d'une température très-élevée et prolongée, que l'on parvient à séparer de cette pyrite une quantité de soufre plus considérable.

La chaleur très-intense, dans le bas de l'appareil, diminue progressivement à mesure qu'elle arrive dans la partie supérieure.

Nous sommes parvenus, par les effets de cette chaleur, à recueillir toute la quantité de soufre qu'il est possible d'éliminer de la pyrite, c'est-à-dire, la pyrite ne contenait plus, après une opération ainsi conduite, que 20 à 25 0/0 de soufre au lieu de 50 0/0.

Ainsi, au moyen de cet appareil, l'on pourrait réduire un bisulfure en protosulfure.

Ce résultat, tout satisfaisant qu'il pouvait être, ne résolvait pas le problème ; en effet, il restait dans le métal que nous avions traité une quantité égale de soufre à celle que nous avions recueillie (1).

Le soufre et le fer sont si intimement combinés que l'on ne peut les séparer complètement par l'effet de la chaleur.— Pour atteindre le résultat que nous nous proposons, c'est-à-dire, pour séparer complétement le soufre du fer, et pour les recueillir dans un état qui permette de traiter le fer avantageusement pour l'industrie métallurgique, il faut employer la réaction de certains corps, qui, mis en présence du protosulfure, formeront des composés nouveaux.

Les effets du premier corps réducteur que nous avons étudié ont été ceux produits par la vapeur d'eau.

Le fer, amené par la chaleur au rouge, décompose la vapeur d'eau; l'oxygène se combine avec le fer et forme un oxyde; l'hydrogène se combine avec le soufre et forme de l'acide sulfhydrique.

En théorie, la décomposition doit être complète, et nous devons avoir :

$$FeS + HO = FeO + HS.$$

Pour mettre à exécution les principes que nous venons de rappeler, nous plaçons, dans le bas du fourneau, un conduit en fer relié au creuset (*figure* 1re) au moyen des tuyères *A*. Ce conduit est mis en communication avec une chaudière qui l'alimente de vapeur d'eau.

(1) Nous chauffions cet appareil au moyen de foyers placés dans le bas.

Pour que cette vapeur opère avec plus d'efficacité la réaction qu'elle doit produire, nous avons eu soin de la surchauffer, en faisant passer le conduit qu'elle parcourt sur un foyer construit à cet effet; et lorsqu'elle arrive en contact avec la pyrite, elle amène une réaction instantanée.

La vapeur arrive dans le creuset sous une pression qui variera suivant la hauteur du fourneau; elle traverse les lits successifs de sulfure de fer que contient le fourneau. Les premiers lits sont des protosulfures ($Fe\ S$); les seconds sont des sesquisulfures ($Fe^2,\ S^3$); les derniers, des bisulfures ($Fe\ S^2$).

Si, comme l'enseigne la théorie, l'action de la vapeur d'eau désulfure complétement le protosulfure, nous aurions produit un oxyde métallique entièrement désulfuré.

Mais nos expériences n'ont pas confirmé le principe; nous avons cherché les motifs de cette contradiction.

Les analyses que nous avons faites nous ont prouvé que le minerai, placé dans l'appareil tel qu'il provient de la mine, et ayant, en moyenne, 3 à 4 centimètres cube, présentait les conditions suivantes :

L'oxygène, produit par la décomposition de la vapeur d'eau, se combine immédiatement avec les surfaces de chacun des morceaux de fer qu'il rencontre; chacune de ces surfaces s'oxyde, et cette oxydation est plus ou moins profonde, suivant le temps et les conditions particulières dans lesquels le contact a eu lieu (1).

---

(1) On parvient à désulfurer complétement la pyrite de fer qu'on a pulvérisée et placée dans un canon de fusil chauffé à une haute tem-

Aussi, la surface de chaque morceau de minerai est beaucoup plus oxydée que l'intérieur du même morceau.

Les analyses ont confirmé ce fait.

Nous avons pris du minerai auquel nous avions fait subir, pendant deux heures consécutives, l'action de la vapeur d'eau surchauffée; nous avons fait deux parts de ce minerai; l'une était composée des parties provenant de la superficie; l'autre, des parties provenant de l'intérieur du noyau du même minerai.

L'analyse faite dans toutes les conditions de précision désirables, n'a donné aucune trace de soufre dans les parties provenant de la superficie; mais, dans celles provenant de l'intérieur, l'analyse a donné, suivant la grosseur du morceau de minerai, des quantités de soufre variant de 5 à 10 pour 0/0 (1).

Nous avons reconnu qu'une injection de vapeur plus prolongée ne donnait pas une désulfuration beaucoup plus complète.

Les résultats que nous avons obtenus après plus de deux mois d'expériences, au moyen du concours de la vapeur d'eau, ont été le recueil de 40 kilogrammes de soufre, à l'état d'acide sulfhydrique, pour 100 kilogrammes de pyrite, qui avait une teneur de 53,33.

---

pérature, et dans lequel on fait arriver de la vapeur d'eau. Cette opération est praticable pour des essais de laboratoire, et impraticable pour l'industrie.

(1) Nous avons traité le minerai par l'eau régale à chaud; nous avons obtenu tout le fer, et avons dosé le soufre au moyen de la baryte.

Nous allons parler maintenant d'expériences qui ont eu pour but principal d'étudier les effets de l'air atmosphérique appliqué au traitement des sulfures de fer, de cuivre et de zinc.

Les mêmes tuyaux, qui avaient amené la vapeur, ont amené de l'air atmosphérique préalablement chauffé.

L'oxygène de l'air attaque et le métal, pour former un oxyde, et le soufre, pour former de l'acide sulfureux.

Mais, dans les conditions actuelles, l'air atmosphérique n'est pas plus efficace que la vapeur d'eau pour désulfurer entièrement le métal; son action même est moins énergique que celle de la vapeur d'eau.

Les analyses, que nous avons faites, de minerais traités dans ces conditions, ont donné à peu près les mêmes résultats que celles faites sur les sulfures traités au moyen de la vapeur.

L'emploi exclusif de l'air atmosphérique ne doit donc avoir lieu que si on veut produire seulement de l'acide sulfureux.

Nous avons vu que les morceaux de minerai soumis à l'action de la vapeur d'eau ou de l'air atmosphérique étaient désulfurés très-inégalement; parfaitement à la surface, et incomplétement à l'intérieur.

Nous allons expliquer pourquoi cette désulfuration est imparfaite, et nous dirons le moyen que nous employons pour que la réaction de vapeur d'eau ou d'air, qui désulfure la superficie du minerai, pénètre aussi dans son intérieur et amène une désulfuration complète.

On sait que le fer se combine avec l'oxygène en différentes

proportions, et que, sous l'influence de la chaleur, il se convertit rapidement en protoxyde, pour passer ensuite à l'état de péroxide; mais, lorsqu'il est arrivé à ce dernier état, il n'absorbe plus l'oxygène que très-difficilement, dans les conditions particulières de nos appareils.

Dans cet état de choses, il fallait chercher et trouver un corps réducteur qui vînt se combiner avec le péroxyde produit par la vapeur d'eau ou par l'air, et qui annulât les transformations qu'ils avaient amenées, c'est-à-dire qui fît cesser l'oxydation. Le minerai sera débarrassé, par l'action de ce corps réducteur, de l'oxydation qui enveloppait sa superficie, et qui défendait son intérieur contre les réactions destinées à la désulfuration ; et cette oxydation n'existant plus, le soufre contenu dans les couches inférieures, et même dans le centre du minerai, viendra, sous l'influence de la chaleur, prendre la place de celui qui aura été éliminé, pour subir à son tour la réaction répétée de la vapeur d'eau ou de l'air.

Cette réaction agira toujours avec efficacité ; et l'oxydation qu'elle causera sera annulée sans cesse par la présence du corps réducteur. — On arrivera à la désulfuration complète par cette double opération chimique, dont le jeu sera instantané.

Ce corps est le carbone ; c'est, du reste, l'agent réducteur employé dans toutes les opérations métallurgiques.

Le minerai et le charbon, introduits par le dessus du fourneau, descendent vers les parties inférieures, tandis que la vapeur d'eau ou l'air, introduit par les tuyères, monte de bas en haut; c'est dans ces conditions que les transformations, dont nous avons parlé, seront faites par le jeu des affinités chimiques.

Le charbon, en entrant dans le fourneau, n'éprouve point de changement, il perd seulement son eau de cristallisation.

La pyrite mêlée au charbon, en descendant vers le bas du fourneau et en atteignant une température plus élevée, s'oxyde à sa surface et perd son oxygène par son contact avec le charbon, qui se convertit en oxyde de carbone ; et si ce contact est suffisamment prolongé, le péroxyde de fer sera réduit en fer.

La vapeur d'eau ou l'air lancé dans le fourneau se décompose, l'oxygène se combine avec le fer et avec le charbon ; et, comme nous l'avons vu, au moment où l'oxydation du fer est arrivée à l'état de péroxyde, le gaz oxyde de carbone, ayant une affinité très-grande pour l'oxygène, se convertit en acid ecarbonique aux dépens de l'oxyde de fer.

Tandis que cette action s'opère, le soufre, qui est resté dans le centre de chaque morceau de minerai, vient se combiner de nouveau avec le fer, qui est à l'état naissant, pour former un mono-sulfure

Or, d'après la loi des affinités, cette composition et cette décomposition sont incessantes ; l'oxygène de l'air ou de la vapeur se décompose dans le fourneau et au milieu d'une atmosphère riche en carbone : l'oxygène forme de l'oxyde de carbone et de l'acide carbonique ; ce dernier se transforme immédiatement en oxyde, lorsqu'il traverse de nouvelles couches de carbone, et continue, en se retrouvant en présence de l'oxyde de fer, à s'emparer de son oxygène pour arriver enfin à l'état d'oxyde ou d'acide carbonique dans le haut du fourneau.

Nous allons décrire les résultats que nos expériences nous ont fournis.

Dans notre fourneau, nous mélangions le minerai que nous y placions avec 10 p. 0/0 de houille maigre ou de coke.

Après que le roulement du fourneau eût amené ce mélange dans le creuset de l'appareil, nous avons fait agir un courant de vapeur d'eau ; après avoir manœuvré ainsi pendant une heure et demie environ, nous avons envoyé, pendant le même espace de temps, de l'air atmosphérique, et nous avons analysé le minerai que nous avions défourné.

Ce minerai était réduit complétement en éponge, et présentait une oxydation plus ou moins avancée, selon les morceaux sur lesquels nos expériences avaient été faites.

L'analyse de ces morceaux nous a prouvé que le soufre avait été complétement éliminé.

Nous venons de relater les divers essais que nous avons faits pour la réduction des pyrites de fer; nous avons décrit l'appareil, sa marche, et les agents réducteurs que nous employons, afin d'atteindre l'élimination complète du soufre contenu dans ce sulfure métallique.

Nous avons fait également quelques essais sur des pyrites de cuivre, sur la blende et le sulfure de calcium; l'opération s'est conduite dans les mêmes conditions décrites plus haut.

La troisième partie, que nous allons traiter, contiendra la description des appareils et des moyens à employer pour la conversion, en soufre, des produits gazeux obtenus par la désulfuration.

Nos premiers essais ont eu pour but la fabrication du soufre, au moyen de l'hydrogène sulfuré; nous faisions passer cet acide dans des conduits en grès placés en serpentin, et chauffés à une haute température.

C'était la mise en application de la donnée scientifique qui établit :

Qu'à une température élevée, si on fait passer lentement de l'acide sulfhydrique dans un tube chauffé au rouge, le soufre se dépose sur les parois du tube.

Nous avons renoncé à ce système, non seulement parce-qu'il exigeait une dépense considérable de combustible, mais surtout parce que nous perdions beaucoup d'acide sulfhydrique; en effet, ce gaz très-volatil s'échappait par les pores des tuyaux.

Nous avions aussi fait réagir ces gaz avec l'acide sulfureux; nos études se sont bornées à trouver les moyens d'application à cette réaction.

La science indique :

Que deux parties d'acide sulfhydrique mises en contact avec une partie d'acide sulfureux donne du soufre et de l'eau.

Pour mettre cette donnée scientifique en application industrielle, il faut d'abord produire des quantités de gaz équivalentes à cette formule.

Ce résultat est obtenu facilement.

Nous allons décrire les appareils employés et les réactions, qui se font dans chacun de ces appareils.

Dans la partie supérieure du fourneau, se trouve un conduit *a (figure* 1re, *planche* 1re) qui amène dans deux chambres en maçonnerie *b* et *c*, les produits volatils de la réduction des sulfures, qui sont : le soufre, l'acide sulfhydrique et sulfureux, l'azote, l'oxyde de carbone et l'acide carbonique.

Le soufre, qui a pu être volatilisé, vient se déposer dans ces chambres.

Des registres particuliers *e* et *f*, servent au besoin à intercepter toute communication entre le fourneau et chacune de ces chambres de condensation.

Cette interruption a lieu dans la chambre *b*, lorsqu'on injecte dans le fourneau de la vapeur d'eau, de même qu'elle a lieu dans la chambre *c*, lorsque l'on injecte de l'air atmosphérique, de telle sorte que l'une ou l'autre de ces deux chambres ne reçoit alternativement et spécialement que l'un ou l'autre de ces deux acides sulfhydriques ou sulfureux.

Les produits gazeux, non condensables, passent à travers une plaque en terre *g*, percée d'une multitude de trous et recouverte de fragments de coke destinés à arrêter les résidus de la réduction et le soufre qu'ils pourraient entraîner avec eux.

Par les portes *h*, on recueille ces résidus et le soufre qui se trouvent déposés dans les chambres.

Le gaz acide sulfureux mélangé d'azote, d'acide et d'oxyde de carbone, s'échappe par le tuyau *j*, qui l'amène dans un des compartiments *k* du barillet régulateur indiqué par la *figure* 4e, *planche* 2e.

Le gaz acide sulfhydrique, mélangé des mêmes gaz, se rend par le tuyau *j'* dans l'autre compartiment *k'*, de telle sorte qu'aucun contact n'a lieu entre ces deux acides.

Ce barillet joue un rôle important dans la marche de la fabrication ; il règle les quantités d'air atmosphérique et de vapeur d'eau nécessaires aux fourneaux de réduction, et, par contre, les productions d'acide sulfureux et sulfhydrique; il règle également la marche des machines aspirantes et foulantes que nous décrirons plus loin ; et enfin il débarrasse les gaz acide sulfureux et sulfhydrique des corps étrangers, qu'ils auraient pu entraîner avec eux.

Tel que l'indique le dessin, chacun des gaz arrive dans son compartiment par un tuyau qui plonge dans de l'eau ; cette colonne d'eau peut être ou diminuée ou augmentée suivant la pression que l'on voudra obtenir dans les fourneaux de réduction.

Le piston *m* forme une cloison mobile qui sépare les deux compartiments contenant, l'un l'acide sulfureux et l'autre l'acide sulfhydrique.

Ce piston est placé de telle sorte, que le compartiment qui contient l'acide sulfhydrique a une capacité de deux tiers du volume total, ce qui permet d'avoir les quantités voulues de chacun de ces gaz, pour une réaction complète (1).

---

(1) Nous supposons que la réaction produite par l'air atmosphérique ou par la vapeur d'eau, fournira une quantité égale de gaz étrangers. — Mais si l'un ou l'autre de ces acides entraînait une quantité plus grande de gaz étrangers, il suffirait d'augmenter la capacité du compartiment qui reçoit cet acide.

La course du piston a 0,20; aussi il ira tantôt à droite, tantôt à gauche, suivant que la quantité de gaz qui se rendra dans le compartiment de gauche ou dans le compartiment de droite sera plus ou moins grande; or, dans cette course, il fera mouvoir des leviers qui régleront les introductions d'air ou de vapeur dans les fourneaux de réduction, comme ils régleront également la vitesse des machines aspirantes et foulantes.

Aussi, au moyen de cet appareil, la production des gaz, la marche régulière des fourneaux de réduction et celle des machines aspirantes et foulantes, aura lieu sans le secours de personne; ce qui donne la régularité indispensable lorsqu'il s'agit, comme dans l'espèce, de réactions chimiques.

Les gaz sont appelés par les tuyaux *i* et *i'*, dans les machines aspirantes et foulantes décrites par la figure 5e (1).

La cloche *v* s'élève et s'abaisse.

Lorsqu'elle monte, l'aspiration qu'elle produit sur le barillet *b* fait arriver les gaz par le tuyau *c*, dans la bache *d*, à travers l'eau qui la remplit à moitié; ces gaz arrivent alors dans la cloche par le tuyau *e*.

Quand la choche s'abaisse, la pression fait monter l'eau dans le tuyau *c* et empêche les gaz d'y retourner.

La pression que donne la cloche refoule les gaz dans le tuyau *h*, leur fait traverser l'eau contenue dans la bache *g* et les force à sortir par le tuyau *k*, qui est en communication avec la chambre de réaction *l*.

---

(1) Il existe une machine aspirante pour chacun des deux gaz, de telle sorte qu'ils ne puissent se mélanger.

Pendant que la cloche monte ou s'abaisse, la même opération, que nous venons de décrire, s'exécute dans le haut de la machine; quand la cloche descend, elle aspire, par le tuyau *m*, les gaz qui sont dans la bache *d*; lorsqu'elle remonte, elle les refoule de la même manière.

Comme on le voit, la machine aspirante et foulante est à double effet; la vitesse normale à laquelle elle peut marcher est de quatre-vingts révolutions par minute, ce qui établit, pour une marche moyenne, un travail de six cents mètres cubes de gaz aspirés et refoulés par minute.

Les gaz acide sulfureux et acide sulfhydrique arrivent par les conduits *k* et *k'*, chacun et séparément dans une cuve en bois garnie d'une quantité d'eau suffisante pour empêcher tout retour de ces gaz dans les machines aspirantes et foulantes; ils passent ensuite par les conduits *i*, *i'* (*figure* 6ᵉ) dans une chambre en maçonnerie *l*, où se produit la réaction des acides sulfhydrique et sulfureux, et par contre, la formation du soufre.

Ainsi que l'indique le dessin, cette chambre est divisée en six compartiments; les gaz passent du premier compartiment dans le second, et ainsi de suite, de telle sorte qu'ils se rencontrent continuellement, ce qui produit une réaction complète.

Des ouvertures *n* servent, dans chacun des compartiments, à l'enlèvement du soufre qui s'y est formé.— Ces ouvertures sont toujours hermétiquement fermées, et restent ouvertes, quelques instants seulement, lorsque l'on retire le soufre.

Pour faciliter cette opération, l'aire des compartiments est inclinée vers ces ouvertures, et on attire le soufre au moyen d'un ringard.

A des moments déterminés, on fait arriver de l'eau sur toutes les parois de la chambre ; cette eau arrive par les conduits *o*.

Les gaz, acide et oxyde de carbone, et l'azote, qui se trouvaient mélangés avec les acides sulfhydrique et sulfureux, sortent de la chambre *l* par le conduit *p*, qui les amène dans une cuve.

Ces gaz traversent une colonne d'eau, qui a pour but de régler la marche générale de l'opération, et de dissoudre les excès d'acides sulfhydrique ou sulfureux qui auraient pu être produits ; cette dissolution amène une réaction immédiate des deux gaz.

Au dessus de cette cuve, se trouve une hotte dont la fonction est de rejeter dans l'atmosphère l'acide carbonique, l'oxyde de carbone et l'azote.

Nous avons à relever une objection qui nous a été faite par des chimistes et des industriels qui se sont occupés de cette question, à savoir qu'il était impossible que la réaction des acides sulfureux et sulfhydrique puissent s'accomplir comme nous venons de l'indiquer, du moment que ces acides se trouvaient mélangés avec d'autres gaz.

« Or, nous disait-on, il ne peut se produire de réaction » qu'autant que les gaz soient purs. — Voyez ce qui se passe » dans la fabrication des acides sulfuriques ; s'il y a quelques » atômes de vapeur de carbone dans les chambres de plomb, » ils empêcheront toute réaction ; vous êtes dans le même » cas, donc, votre procédé ne peut aboutir. »

La commission belge raisonnait de la même manière; et elle citait à l'appui, l'opinion de Berzélius, et celle de M. Henroz, directeur des établissements de Floreffe.

Nous avons nécessairement porté toute notre attention sur ces opinions; nous avons fait maints essais, maintes expériences; et les craintes, que nous aurions pu avoir sur la réaction des acides sulfhydrique et sulfureux mélangés avec des gaz étrangers, se sont dissipées.

Ces craintes sont chimériques; il suffira, pour s'en convaincre, de répéter l'expérience suivante : Dans un ballon, on placera du charbon de bois pillé; on versera au moyen d'un tube en S, de l'acide sulfurique et on chauffera le ballon.

Il se produira alors de l'acide sulfureux, de l'acide carbonique, de l'oxyde de carbone et des traces d'hydrogène carboné. — Au moyen d'un tube en verre relié à une cloche, on amènera dans ce ballon de l'air atmosphérique, et de l'azote.

Ainsi l'acide sulfureux, qui sera introduit sous une cloche, sera mélangé d'oxyde de carbone, d'acide carbonique, d'hydrogène carboné, d'azote et d'air atmosphérique, tous corps qui se trouveront dans le mode de réduction que nous employons.

Dans un autre ballon, on placera du sulfure de calcium; on versera par un tube en S, de l'acide hydrochlorique qui, par son contrat avec le sulfure de calcium, produira du chlorure de chaux et de l'acide sulfhydrique.

L'acide sulfhydrique et l'acide sulfureux, mélangés avec les gaz que nous connaissons, passeront dans des flacons laveurs et se rendront sous une cloche à eau, où une réaction instantanée aura lieu aussi, si on a conduit l'opération de telle sorte qu'il y ait un léger excès d'acide sulfhydrique, la réaction est complète.

Cette expérience fort simple détruira toutes les craintes émises par des hommes compétents et instruits, mais qui ne s'étaient pas rendu un compte bien exact de cette opération.

Nous avons décrit les appareils qui nous sont nécessaires pour la fabrication du soufre en traitant les sulfures de fer de cuivre, de zinc et de calcium.

Nous n'avons pas besoin de faire ressortir combien la fabrication est simple, combien elle est économique; seulement nous devons dire encore un mot, et sur la marche de la réduction de ces sulfures, et sur le traitement du soufre que nous obtenons dans les chambres de réaction.

Comme nous l'avons décrit, la réduction se fait dans un fourneau à cuve ; la décomposition du sulfure est complète ; mais nous produisons, selon la quantité de charbon, selon la quantité d'air et de vapeur d'eau, selon enfin la chauffe du fourneau, le métal à l'état d'oxyde, à l'état carburé.

En effet : si nous traitons le sulfure de fer, il suffit pour l'obtenir à l'état d'oxyde de fer, de conduire l'air et la vapeur d'eau en quantité suffisante pour que la réaction de l'oxygène sur le minerai mis en présence du carbone, arrive à l'élimination complète du soufre.

Pour obtenir le minerai à l'état de fer carboné, la disposition du fourneau doit être modifiée ; il faut que l'air et la vapeur d'eau soient lancés dans le fourneau dans d'autres conditions.

La *figure* 7ᵉ représente un fourneau qui réalise ces conditions.

Les tuyères *a*, destinées à amener l'air atmosphérique, se trouvent placées au-dessus des étalages; et celles *b*, destinées à lancer la vapeur d'eau, se trouvent immédiatement en dessous, de telle sorte que les étalages et le creuset sont entièrement clos et ne reçoivent aucune injection d'air et de vapeur; ils sont chauffés extérieurement par des carnaux qui entourent complètement la cheminée intérieure et dans lesquels circulent la chaleur et la flamme de deux foyers spéciaux indiqués par les lettres *c*.

Les réactions suivantes ont lieu :

L'air et la vapeur désulfurent le minerai, et lorsque ce minerai est arrivé à la ligne pointilllé *e f*, il est à l'état d'oxyde de fer mélangé avec du charbon incandescent et chauffé, par les foyers *c*, comme il serait si on le plaçait dans un creuset brasqué; or, on sait que, dans ces conditions, on obtient un carbure de fer.

Et enfin si on veut obtenir le sulfure de fer à l'état de fonte de fer, il suffit de se servir d'un fourneau agencé comme l'indique la *figure* 8ᵉ, *planche* 3ᵉ.

Comme on le voit, ce fourneau est muni de trois rangs de tuyères; celles *a*, sont destinées à amener de l'air atmosphérique; celles *b*, de la vapeur d'eau; et toutes deux désulfurent complètement le minerai; — celles indiquées par les lettres *c*, amènent dans les conditions ordinaires, l'air dans le creuset nécessaire à la fusion du minerai. — Nous suivons, pour cette opération, les règles tracées par les métallurgistes, c'est-à-dire, nous mélangeons aux minerais les quantités de fondants nécessaires pour fabriquer de la fonte.

Ces trois différents modes de réduction, pour les sulfures de fer, ne doivent pas être appliqués au traitement des sulfures de cuivre, de calcium et de zinc; le premier mode seul sera employé lorsqu'il s'agira de traiter le sulfure de cuivre ou de calcium, et le second pour le traitement de la blende.

En effet, la pyrite de cuivre, qui doit être convertie en cuivre, ne doit être amenée qu'à l'état d'oxyde ; le sulfure de calcium ne doit être que grillé, pour recueillir le soufre; — mais la blende, telle qu'elle sort de la mine, c'est-à-dire, ayant toute sa gangue, est placée dans le fourneau représenté par la *figure* 7e.

Le soufre se trouve éliminé, dans les mêmes conditions que celles que nous avons indiquées en parlant du traitement du sulfure de fer. Aussi lorsqu'il a passé la hauteur tracée par la ligne *o f* (*voir le plan*), il est réduit à l'état de zinc, au moyen du charbon avec lequel il se trouve mélangé, et par la chaleur des foyers *e*.

Le métal est recueilli par le chio *h*.

L'application de ce procédé permettra de réduire, par un traitement simple et peu coûteux, un sulfure de zinc qui demandait autrefois une foule d'opérations successives et toutes différentes.

Dans la seconde période de la fabrication, celle de la réaction des gaz produits par la réduction, nous trouvons des moyens d'exécution encore plus simples et plus économiques, car il suffira du travail de quelques ouvriers qui n'auront qu'à recueillir le soufre formé dans les chambres de réaction.

La vapeur d'eau ajoutée dans les chambres, fait tomber le soufre qui se dépose sur les parois ; ce soufre est retiré et placé dans un endroit spécial couvert et aéré, ayant un plancher en plâtre; il sera remué souvent pour chasser l'excès d'acide sulfureux et d'acide sulfhydrique qu'il contient.

Le soufre que nous recueillons dans cet état est acide ; il rougit le papier de tournesol; il s'agglomère facilement, il est mou, gommeux, d'une couleur jaune, un peu verdâtre.

Cependant, malgré cet état défectueux, et sans avoir besoin d'aucune préparation, il peut remplacer avec beaucoup d'avantage, pour la fabrication du soufre en canon, pour celle du sulfure en carbone, pour celle de la volcanisation du caoutchouc, le soufre ordinaire qui contient toujours de 20 à 30 pour 0/0 de matières terreuses.

Mais si on veut l'obtenir en poudre, c'est-à-dire dans un état où il pourra remplacer le soufre en fleurs, il faudra lui faire subir l'opération suivante :

Après qu'il aura séjourné quelques jours et qu'il aura été remué dans un endroit bien aéré, on le broyera avec de l'eau, au moyen de meules verticales ou horizontales ou par d'autres moyens mécaniques; le soufre s'émultionnera, il formera une pâte que l'on étendra d'eau et qui sera placée dans des cuves en bois.

Après quelques heures, le soufre se déposera en poudre impalpable dans le fond de la cuve ; et il sera d'un jaune clair et ne s'émultionnera plus ; il ne sera plus acide et il aura toutes les propriétés du soufre en fleurs.

Il nous reste à traiter les eaux contenues dans nos cuves, ces eaux sont chargées de soufre émultionné.

Pour recueillir ce soufre, on saturera ces eaux, soit par de l'ammoniaque, par du carbonate de soude ou de potasse ; ces alcalis joueront pour le soufre le même rôle qu'ils jouent pour les métaux ; ils neutraliseront l'action des acides sulfhydriques et sulfureux qui le tenaient en suspension dans les eaux.

Quant au soufre entraîné avec les gaz, et qui se trouve dans les chambres *b* et *c* (*figure* 1re pl. 2e), on le recueillera pour le retraiter dans les fourneaux de réduction.

Ainsi, tout le soufre, contenu dans le sulfure que l'on traitera, se trouvera recueilli, comme nous l'avons dit, par des moyens fort simples et fort économiques.

Une condition essentielle pour réussir en industrie métallurgique, c'est de fabriquer sur les lieux mêmes de la production du minerai ; aussi toutes les usines métallurgiques sont établies sur les lieux où se trouvent leurs minerais.

Nous suivrons les mêmes principes ; en effet, supposons que nous voulions traiter le sulfure de fer, de cuivre ou de zinc ; le minerai, dont nous avons besoin pour notre fabrication de soufre, donnera un poids une fois supérieur à celui du soufre que nous recueillerons. Il faut donc, afin d'éviter des transports inutiles, fabriquer le soufre sur le carreau même de la mine qui produira ces sulfures.

Ensuite le soufre tout fabriqué et emballé sera expédié dans les localités où il trouvera son débouché. Nous convertirons le métal sur les lieux mêmes de la fabrication pour le traiter métallurgiquement.

Les mines de sulfure donnent tantôt du minerai en roches compactes, tantôt du minerai en menuailles.

Le minerai en roches sera brisé en morceaux d'un volume de 3 à 4 décimètres cubes, pour pouvoir être traité; cette manipulation fournit des quantités de menuailles assez considérables.

Il faut que dans ce cas, comme dans celui où la mine ne fournit que des menus, que ces menuailles soient utilisées, et qu'elles puissent être traitées par nos procédés.

Pour ce, un triage sera fait tout d'abord, triage qui s'opérera au moyen de cribles inclinés, ou à la main; il donnera de la pyrite en roches et des débris; ces menuailles seront lavées et pétries avec du brai provenant des goudrons de houille, on les moulera à sec, au moyen de la machine à briquettes représentée par la *figure* 9e, *planche* 3e.

Il nous reste à décrire l'application la plus utile que nous puissions faire de nos procédés; en effet, par cette application on n'aurait plus à redouter l'exploitation de certaines industries qui ont été, jusqu'à ce jour, le fléau de la santé et des ouvriers qui y sont attachés, et des populations qui avoisinent leur siége.

Nous parlerons d'abord des fabriques connues sous le nom de fabriques de produits chimiques.

Dans ces établissements, se trouvent presque toujours réunies la fabrication de l'acide sulfurique, et celle du sulfate et du carbonate de soude; et en effet, nous savons que ces trois produits ne sont qu'une suite de la fabrication de l'acide sulfurique, et qu'ils laissent échapper des quantités considérables d'acide sulfureux et d'acide hydrochlorique.

Les réactions, qui produisent l'acide sulfurique, se font dans de vastes chambres en plomb où l'on conduit l'acide sulfureux par le grillage de la pyrite, l'acide nitrique et la vapeur d'eau.

Malgré les dimensions qu'on donne aux chambres de plomb pour amener des réactions complètes, il y a toujours des quantités plus ou moins considérables d'acide sulfureux qui ne sont pas converties en acide sulfurique.

Ces quantités s'échappent, sous forme de vapeurs, des chambres de plomb et se rendent dans une cheminée d'appel fort élevée, qui les répand dans l'atmosphère.

Afin d'amoindrir les effets de ces gaz, on a recours à certaines précautions qui augmentent, sans aucune compensation, les frais du fabricant.

Ainsi, on fait arriver ces gaz dans une série de bonbonnes, en communication les unes avec les autres; les premières contenant de l'eau, les dernières de l'azotate de baryte et de la nithérite. Voilà les seuls moyens employés pour annuler une partie des émanations sulfureuses.

Le fabricant pourrait même éviter entièrement comme nous l'avons dit, ces émanations sulfureuses. En effet, il lui suffirait d'établir un plus grand nombre de chambres pour la réaction des gaz, ou de garder en contact, plus longtemps, dans les chambres qu'il possède, les gaz qui doivent réagir les uns sur les autres, ou enfin de faire passer les gaz dans des séries de bonbonnes beaucoup plus considérables.

Mais pour arriver à ce résultat si désirable, il faudrait donner à tous les gaz le temps nécessaire de se combiner, et alors la production d'acide sulfurique marcherait avec une lenteur qui serait la ruine des établissements.

Les fabricants perdent, il est vrai, par les procédés actuels, une partie des acides sulfureux qu'ils pourraient convertir en acide sulfurique; mais ils produisent en peu de temps, et cette amélioration de fabrication leur fait réaliser des bénéfices qu'ils ne trouveraient pas, s'ils devaient annuler complètement, par les procédés dont nous avons parlé, les émanations sulfureuses jetées dans l'atmosphère.

La fabrication du sulfate de soude se fait en traitant le chlorure de sodium par l'acide sulfurique, dans des fourneaux à deux compartiments chauffés au moyen de foyers.

La réaction de l'acide sulfurique sur le sel marin, transforme ce dernier en sulfate de soude, et dégage du gaz acide hydrochlorique.

Si la réaction se fait dans un four à réverbère au lieu de se faire dans un four à mouffle, ce gaz se trouve mélangé avec de l'oxyde de carbone, de l'acide carbonique, de l'azote et de l'air atmosphérique.

Ces gaz, avant de se rendre à la chambre d'appel pour être jetés dans l'atmosphère, passent dans un long canal souterrain, dans lequel arrive une pluie d'eau, qui abaisse leur température et en dissout une certaine quantité. — Le restant se rend dans quarante à cinquante bonbonnes accouplées les unes aux autres, contenant de l'eau qui retient une nouvelle quantité d'acides, et enfin les gaz non dissous arrivent à la cheminée.

Ces moyens sont à peu près les mêmes que ceux employés

pour les vapeurs sulfureuses, et ils produisent les mêmes inconvénients.

Quant à la fabrication du carbonate de soude, nous avons expliqué ce qu'on avait tenté de faire pour utiliser les marcs de soude.

Ceci dit, nous allons expliquer comment on peut arriver à utiliser ces déchets, en retirant à leur fabrication tout caractère d'insalubrité.

La *planche* 4e, indique, *figure* 10e, la vue de la dernière chambre de plomb d'une fabrication d'acide sulfurique; elle indique également la chambre *a* dans laquelle passent les gaz, pour se débarrasser des vapeurs nitreuses qu'ils entraînent avec eux, absorbées qu'elles sont par leur contact avec de l'acide sulfurique concentré.

Ces gaz arrivent dans le barillet *b*, et traversent une colonne d'eau.

Au-dessus du barillet se trouve le tuyaux *c*, qui est en communication avec la machine aspirante et foulante décrite *figure* 5e, *planche* 2e.

Le barillet *b* a pour mission toute spéciale d'établir une séparation complète entre nos appareils et la fabrication d'acide sulfurique.

Il est évident que si nous offrons aux gaz qui sortent des chambres de plomb, un obstacle à vaincre, pour qu'ils s'en échappent, nous produirons sur ces chambres de plomb une pression.

L'utilité des machines aspirantes et foulantes a pour unique but de vaincre et de régler cette pression.

Ainsi, il est on ne peut plus facile, pour le fabricant d'acide sulfurique, d'établir au moyen du barillet *b*, la pression ou la dépression qu'il désirera avoir dans ses chambres de plomb.

S'il veut obtenir un dégagement fort lent, il lui suffira d'augmenter la colonne d'eau ; s'il veut au contraire avoir un dégagement plus prompt, il diminuera cette colonne d'eau, et la machine aspirante, travaillant plus où moins vite, selon la quantité de gaz qui lui sera fournie, n'aura aucune action directe sur la fabrication de l'acide sulfurique.

Pour régler la vitesse de la machine aspirante, il existe dans le barillet *b* le même piston régulateur que celui que nous avons décrit *planche* **2**, *figure* 4e. Ce piston agit au moyen d'un levier, sur l'introduction de vapeur du moteur, qui donne le mouvement aux machines aspirantes et foulantes.

Des moyens semblables qu'il est inutile de rappeler, sont établis à la sortie des fours à sulfate de soude.

Chacune des cheminées de ces appareils est supprimée, et remplacée par un conduit qui baigne dans un barillet ; tous les barillets (admettant que l'on ait plusieurs fours), sont reliés les uns aux autres au moyen d'un conduit commun, mis en communication avec les machines aspirantes et foulantes.

L'acide hydrochlorique se condense en partie dans les barillets. Au moyen d'un siphonage ordinaire, on pourra, lorsque ces eaux marqueront 22°, les recueillir et les remplacer par d'autres, de cette façon, on suprime l'inconvénient très-grand apporté dans la fabrication par le service des bonbonnes.

Ces gaz, acide hydrochlorique, mélangés d'azote, et de vapeur de carbone, sont refoulés dans une série de cuves en bois, indiquée par la *figure* 11e.

On place dans les cuves *a*, munies chacune d'un agitateur, les marcs de soude qui proviennent de la fabrication du carbonate de soude ; ces marcs sont dissous dans de l'eau, et restent en suspension au moyen du mouvement que leur imprime l'agitateur.

Par le conduit *b*, l'acide hydrochlorique, vient se combiner avec le sulfure de calcium pour former de l'acide sulfhydrique et du chlorure de chaux. — Cette réaction est instantanée, et ne présente aucune espèce de difficulté.

L'acide s'échappe par le conduit *c* et se rend dans la chambre à réaction *l* (*figure* 6e, *planche* 7e), où il trouve l'acide sulfureux amené des chambres de plomb ; — l'opération de la réaction et de la production du soufre se conduit dans les mêmes conditions que celles que nous avons déjà décrites.

Lorsque le sulfure de calcium est entièrement transformé en chlorure de calcium, on soutire et on recueille ce produit, qui a une certaine valeur commerciale.

Les moyens que nous venons d'indiquer sont aussi simples que ceux employés lorsqu'il s'agissait de la fabrication du soufre par les sulfures métalliques; mais ils ont un avantage sur ces derniers, c'est que la matière première ne coûte rien, et que les frais de fabrication sont insignifiants.

Une objection qui peut nous être faite, et à laquelle nous allons répondre immédiatement, est celle, que les quantités d'acide sulfureux ou d'acide sulfhydrique, devront être fort irrégulièrement fournies, puisque leur arrivée dans nos appareils sera subordonnée à la fabrication des sulfates et carbonates de soude, et de l'acide sulfurique; celle d'acide sulfurique, par exemple, donnera aujourd'hui fort peu d'acide sulfureux, lorsque celle de sulfate de soude donnera beaucoup d'acide hydrochlorique.

Nous avons prévu ces objections, mais comme nous allons le faire voir, elles ne doivent en rien arrêter notre fabrication de soufre.

Cette fabrication est d'abord subordonnée à celle de la quantité de marc de soude; ainsi, nos appareils seront érigés en rapport avec la production de carbonate de soude; or, nous savons que 100 kilos de soufre nous donnent 60 kilos de marc, les 60 kilos de marc, traités par nos procédés, nous rendent au minimum 10 kilos de soufre.

La quantité de marc sera traitée par la quantité d'acide hydrochlorique, fournie par la fabrication du sulfate de soude. Cette quantité d'acide ne peut être que trop considérable, pour la quantité de marc, mais cet inconvénient est insignifiant.

Nous admettons de suite, que les émanations sulfureuses qui proviendront des chambres de plomb, ne seront jamais en assez grandes quantités pour convertir l'acide sulfhydrique que nous aurons produit (1); mais nous les recueillerons, afin d'annuler les dangers que donnent ces émanations.

(1) Aussi, dans ces conditions, qui sont presque toujours la règle générale, il suffira d'avoir une seule machine aspirante et foulante, pour les fours à fabriquer le sulfate de soude. — On comprend, que la chambre *m* de réaction, remplie d'acide sulfhydrique, aspirera toutes les vapeurs sulfureuses qui proviennent des chambres de plomb; la réaction produisant le vide fera le même office, pour la fabrication des acides sulfuriques, que ferait une machine aspirante — donc on n'aura besoin, que pour la fabrication d'acide sulfhydrique, des machines aspirantes et foulantes.

Pour obtenir la quantité nécessaire d'acide sulfureux, il suffira, ou de réduire une partie des marcs dans un petit fourneau de réduction, au moyen de l'injection de l'air atmosphérique ou de les brûler en faisant passer dans un foyer une partie de l'acide sulfhydrique que nous avons produit.

Ce dernier mode de traitement sera celui qui sera préféré, comme étant le plus simple et le plus rationnel dans les conditions que nous avons énoncées ; c'est-à-dire, il permettra de recueillir une quantité importante d'acide sulfhydrique produit par l'acide hydrochlorique que l'on aura obtenu, et les émanations sulfureuses seront considérablement diminuées.

Ainsi, que les quantités de produits, fournis par lesdites fabrications, ne soient pas en rapport exact pour produire les quantités voulues d'acide sulfhydrique et d'acide sulfureux, on pourra toujours et très-facilement atteindre cette proportion indispensable à la fabrication du soufre.

Le prix de revient du soufre, produit par les émanations, ne coûtera que les frais de la main-d'œuvre et ceux de l'usure du matériel.

Selon l'importance de chaque usine de produits chimiques, on établira une petite usine qui sera reliée, au moyen de canaux souterrains, avec chacune des fabrications de la grande usine, et cette succursale ne laissera plus échapper dans l'atmosphère les richesses dangereuses que perd l'usine ; elle préférera les recueillir et en fabriquer du soufre.

Nous avons décrit les moyens actuellement employés par les fabricants de cuivre et de zinc, pour en éliminer le soufre qui est combiné avec eux.

Nous avons dit que cette élimination était très-incomplète, et nous avons indiqué les moyens auxquels nous avions recours pour retirer des sulfures tout le soufre qu'ils renferment.

Aussi, nous ne reviendrons pas sur les vices et les améliorations que nous avons signalés.

Nous laisserons les anciennes fabriques marcher avec leurs appareils, mais, avec nos procédés, nous prétendons recueillir des fours à griller employés actuellement dans les fabriques de cuivre et de zinc, le soufre qu'elles perdent par leur cheminée, à l'état d'acide sulfureux.

Nous remplirons un double but.

Nous empêcherons une perte importante.

Nous protégerons la santé des populations et les cultures gravement compromises par le voisinage des fabriques de produits chimiques.

Ainsi, quand on se servira, pour griller la blende, des fours belges, on ajoutera à la partie supérieure de ces fours un gueulard en maçonnerie qui sera fermé hermétiquement ; on y placera un conduit en poterie ou en maçonnerie qui reliera le fourneau avec un barillet pareil à celui que nous avons décrit.

La machine aspirante et foulante fonctionnera dans les mêmes conditions que celles que nous avons déjà indiquées; c'est-à-dire. elle aspirera les gaz qui se rendent dans le barillet, de telle sorte que le manomètre marque O; elle refoulera ces gaz dans une chambre de réaction

La machine aspirante et foulante remplira le même office

que les cheminées qui accompagnent les appareils à griller (1)

On comprend facilement que la simple adjonction de nos appareils aux fours à griller belges doit amener le recueil de tous les produits gazeux qui proviennent du grillage, et doit mettre fin par conséquent aux graves inconvénients dont nous avons parlé.

Il en sera de même quant aux fours anglais et allemands ; il suffira de relier leurs cheminées à nos appareils.

Il en sera de même aussi, pour les fabriques de cuivre, si le grillage se fait en tas où dans des fours à réverbères ; on reliera leurs cheminées à nos appareils par des canaux ou des conduits.

Dans tous les cas, qu'il soit question de la blende ou des sulfures de cuivre, on ne recueillera que de l'acide sulfureux mélangé ou non, des vapeurs de carbone, d'arsenic et d'antimoine.

Or, il faut que nous puissions obtenir de l'acide sulfhydrique pour rétablir la réaction nécessaire à la conversion de l'acide sulfureux en soufre.

Il sera donc nécessaire, indispensable, pour obtenir cet acide sulfhydrique :

---

(1) Au lieu des machines que nous avons décrites, on peut également employer, pour arriver aux mêmes résultats, les ventilateurs et les vis d'Archimède. Chacun sait que l'industrie emploie ces moyens mécaniques lorsqu'il y a utilité de ne pas se servir de cheminées. — Les machines que nous avons décrites sont appliquées sur une grande échelle, aux fours à coke et à gaz que nous avons inventés, il y a bientôt cinq ans, et elles manœuvrent de telle sorte, qu'elles aspirent les gaz provenant de la distillation de la houille sans aucune pression ni dépression, et elles les refoulent sous la pression que l'on désire obtenir.

Ou d'injecter de la vapeur d'eau dans les fourneaux ;

Ou d'établir un fourneau spécial dans lequel la réduction du minerai aura lieu par la vapeur d'eau ;

Ou de faire arriver sur les lieux de fabrication des marcs de soude et de l'acide hydrochlorique.

L'un ou l'autre de ces trois moyens sera adopté, selon la commodité et leur prix de revient ; et nous ferons remarquer, comme dans le chapitre précédent, que les émanations perdues et nuisibles deviendront, par l'adoption de nos procédés, une source importante de revenus.

Encore quelques mots et nous aurons terminé notre travail.

Nous avons développé les moyens avec lesquels nous arrivons à éliminer complètement des sulfures métalliques, le soufre avec lequel ils se trouvent combinés.

Il nous reste à expliquer comment il faut se servir de nos fourneaux de réduction pour la fabrication des acides sulfuriques.

Quand nous injectons de l'air atmosphérique dans le fourneau de réduction, nous envoyons dans les chambres de condensation de l'acide sulfureux et de l'air en rapport déterminé et constant, car nous savons, et la teneur de la pyrite placée dans le fourneau, et la quantité enfournée, et le volume d'air ; toutes conditions essentielles pour la combinaison parfaite de l'acide sulfureux, avec l'acide nitrique et les vapeurs aqueuses.

Aussi ces conditions régulières obtenues, les réactions ont lieu complétement.

Dans les anciens appareils, c'est *l'excès d'air* qui divise et entraîne, en majeure portie, les masses gazeuses; or, dans nos combinaisons cet excès d'air n'existe plus.

Il est évident, en effet, que cette quantité d'air, qui ne pouvait être réglé dans les fourneaux anciens, l'est par le système que nous venons de décrire.

Il est évident aussi, que les pertes d'acide sulfureux, qui se produisaient à chacune des charges, dans l'ancien mode de fabrication, sont complètement annulées par nos procédés.

Et enfin, il nous paraît démontré que ce système, qui injecte la quantité d'air voulue et nécessaire pour la désulfuration, donnera un rendement égal à celui qu'on obtient, lorsque l'on fabrique l'acide sulfurique au moyen du soufre, rendement peu différent de celui que promet la théorie

Nous proposons donc pour la fabrication des acides sulfuriques, le remplacement des fourneaux à grilles et à dalles, par celui que nous avons décrit; mais avec une différence essentielle, c'est que la réduction de la pyrite ne devra s'y opérer qu'avec le secours seul de l'air atmosphérique: nous évitons ainsi les vapeurs de carbone, qui sont un obstacle très-grand à vaincre, lorsqu'elles se trouvent mélangées avec l'acide sulfureux, dans les chambres de plomb.

Il est vrai, que l'élimination complète du soufre de la pyrite ne pourra pas être obtenue, pour cette fabrication, mais en tous cas, cette élimination sera bien plus complète que par les anciens procédés.

FIN.

Imp. Michels-Carré, passage du Caire, 8 et 10.

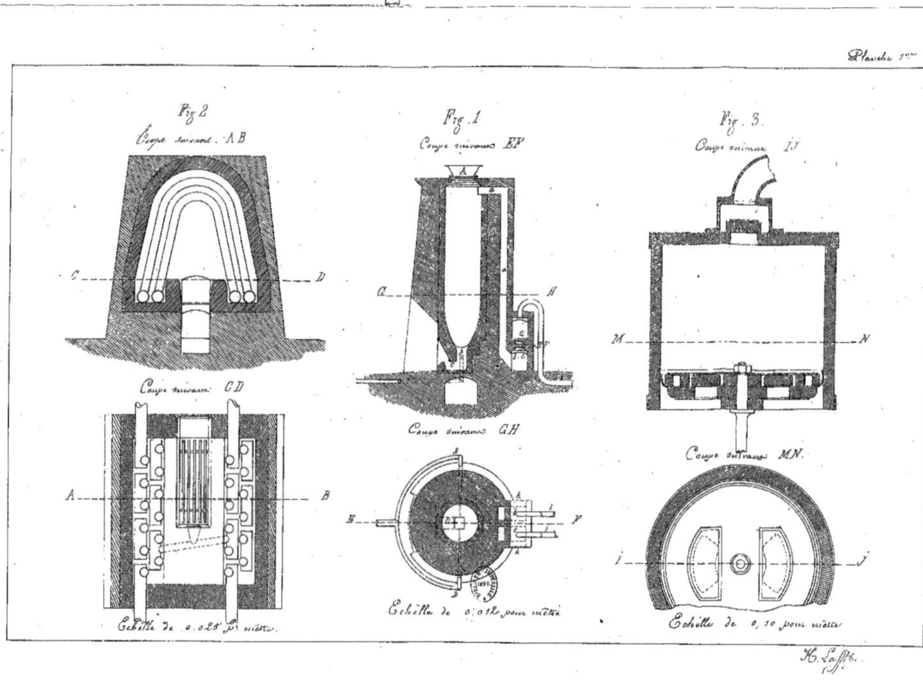
Planche 1re
Fig 2
Coupe suivant AB
Fig. 1
Coupe suivant EF
Fig. 3.
Coupe suivant IJ
C
D
G
H
M
N
Coupe suivant CD
Coupe suivant GH
Coupe suivant MN.
A
B
E
F
I
J
Echelle de 0.025 p. mètre.
Echelle de 0,012 pour mètre
Echelle de 0,10 pour mètre

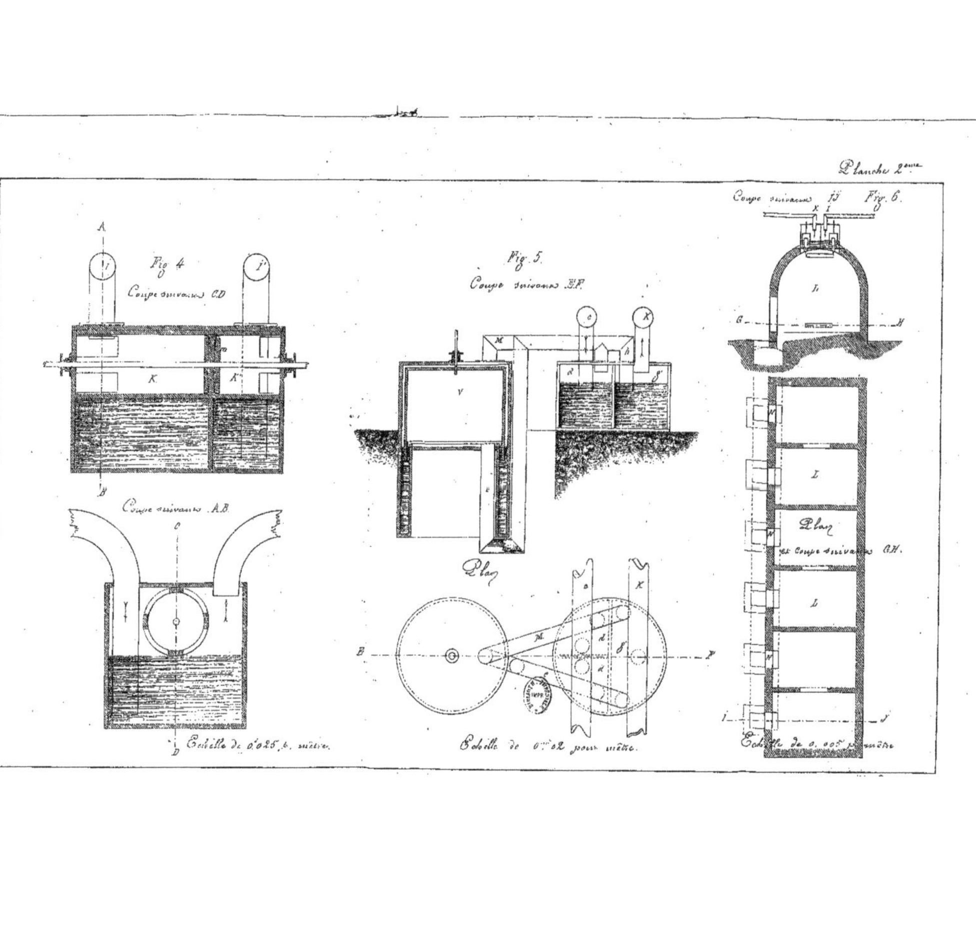
Planche 2ème
Fig. 4
Coupe suivant C.D
Coupe suivant A.B.
Echelle de 0.025 p. mètre
Fig. 5.
Coupe suivant E.F.
Plan
Echelle de 0m.02 pour mètre.
Coupe suivant IJ Fig. 6.
Plan et Coupe suivant G.H.
Echelle de 0.005 p. mètre

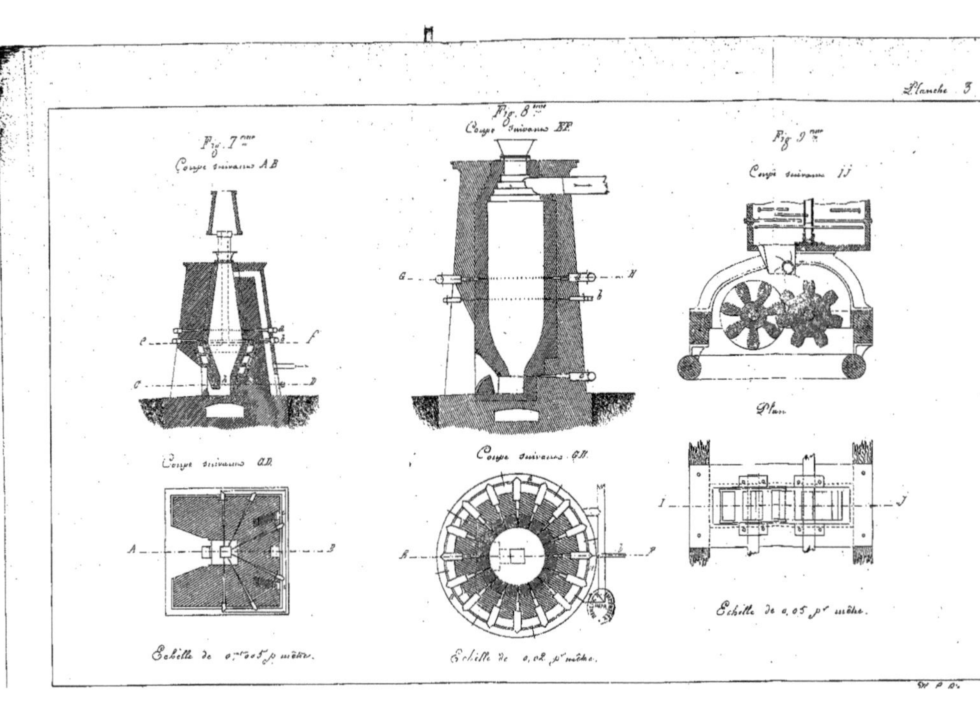
Planche 3
Fig. 7ème
Coupe suivant A B
Fig. 8ème
Coupe suivant EF
Fig. 9ème
Coupe suivant IJ
Coupe suivant CD
Coupe suivant GH
Plan
Echelle de 0,05 pr mètre.
Echelle de 0,02 pr mètre.
Echelle de 0,05 pr mètre.

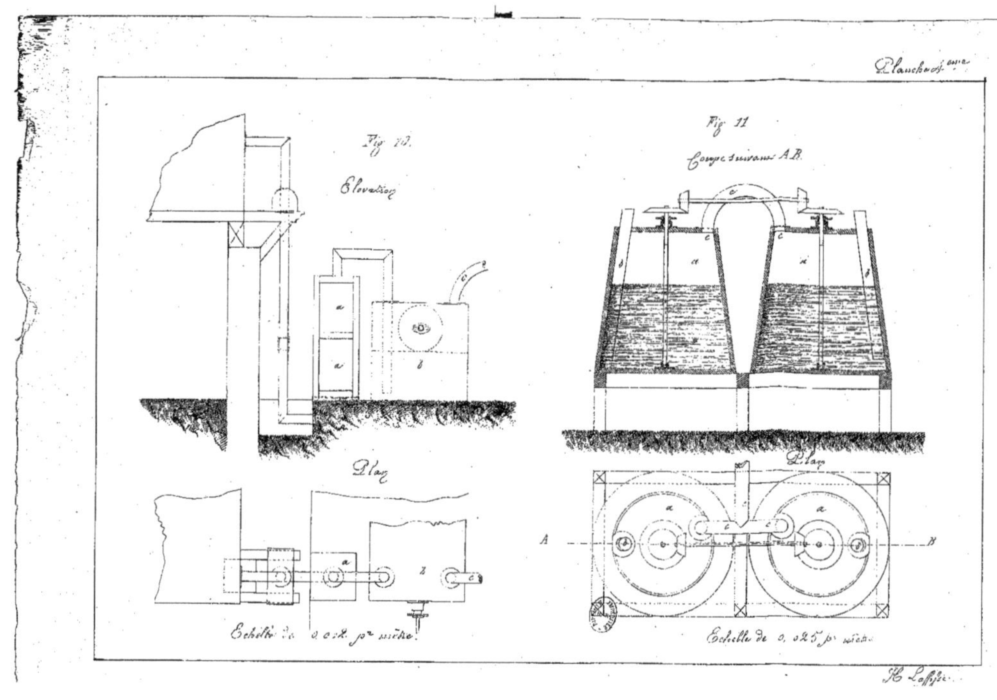
Planche 5.ème
Fig. 10.
Elevation
a
a
b
c
Plan
a
b
c
Echelle de 0,012 p.r mètre.
Fig. 11
Coupe suivant A.B.
c
b
a
a
b
c
c
Plan
a
a
c
c
c
A
B
Echelle de 0,025 p.r mètre.
H. Laffitte.

www.ingramcontent.com/pod-product-compliance
Ingram Content Group UK Ltd.
Pitfield, Milton Keynes, MK11 3LW, UK
UKHW020416230726
13925UKWH00004B/1465

9 782014 024074